COMITÉ DE PATRONAGE

OBERKAMPF

TIRAGE DU TROISIÈME MILLE

SE VEND AU PROFIT DE L'ŒUVRE DU PATRONAGE

PARIS

LIBRAIRIE DE CH. MEYRUEIS ET Ce

RUE TRONCHET, 2

1856

OBERKAMPF

DISCOURS SUR LE TRAVAIL

ADRESSÉ

AUX APPRENTIS PAR M. H. DE TRIQUETI

Secrétaire du Comité de patronage

DANS UNE SÉANCE ANNUELLE DU 7 DÉCEMBRE 1856

Tu travailleras six jours et tu feras toute ton œuvre.   (Exod. XX.)

Mes enfants,

Quand arrive la fin de la journée, il faut, dans une humble prière, rendre grâces à Dieu des bienfaits qu'il a daigné nous accorder, et réfléchir à l'usage que nous avons fait de cette journée.

Quand arrive la fin de l'année, il est bon de porter sa pensée en arrière, et de se demander si cette année a été remplie d'une manière conforme aux volontés du Seigneur.

Parce que, lorsque arrivera le terme de notre vie, quand nous jetterons un long regard sur ce passé, qui ne nous appartiendra plus, tout ce que nous devons désirer c'est d'y retrouver, au milieu de toutes nos faiblesses, le souvenir du travail et de la piété.

Le travail, mes enfants, est, par la loi divine, imposé à tous les hommes ; il protége leur bien-être sur la terre, il aide à leur acheminement vers le ciel. Je ne connais pas de meilleure sauvegarde contre les mille tentations qui nous assié-

1857

gent, que le travail. Je ne sais rien qui aide à l'accomplissement de tous les devoirs comme l'amour du travail ; c'est une
garantie de bonheur et de fortune dans ce monde. Nous savons tous combien il est difficile d'être un vrai chrétien : le
travail aide l'homme à être, à rester vrai chrétien.

Que de fois notre Seigneur, dans ses divines instructions,
a pris le travail et les travailleurs pour exemples et textes de
ses paraboles. Et sa vie, à lui-même, ne s'est-elle point passée dans le travail ? Enfant, n'aidait-il pas ses parents dans
leurs humbles travaux ? Adulte, n'étudiait-il point pour commencer à travailler à l'œuvre de son Père ? Homme, n'allait-
il pas, sans repos, de lieu en lieu, sur la mer, sur la mon-
tagne, dans le désert, par les villes, travaillant sans cesse,
appelant les pêcheurs, prêchant la multitude, guérissant les
malades, consolant les affligés, et terminant le travail de sa
vie dans l'auguste travail de sa passion et de sa mort ?

« Lève-toi et travaille, et l'Eternel sera avec toi. » (Chron.
I, 22, 16.)

Fidèles à cet appel, les apôtres ont passé leur vie dans le
travail et la prédication. L'infatigable saint Paul faisait des
tentes pour vivre, tout en portant la parole de Dieu parmi les
Gentils.

Réjouissez-vous donc, mes enfants, plutôt que de vous
plaindre, de commencer votre vie dans le travail ; c'est là
qu'est votre avenir dans ce monde ; c'est la fortune de
l'homme mise entre ses mains. Il faut qu'il travaille à son
œuvre avec courage, à son salut avec crainte.

Il existe dans les classes pauvres une erreur que je dois
combattre : c'est que les personnes placées au-dessus d'elles
par leur rang ou leur fortune sont exemptées de travailler.

C'est une idée complétement fausse. Tous doivent travailler, et souvent le riche plus que le pauvre. Tout homme qui
a réellement accepté l'Evangile en esprit et en vérité, sait
que la foi doit être active, et, travaillant sans relâche, il de-
mande au Seigneur, non de lui donner le repos, mais de bénir son travail.

Quand, après avoir travaillé pour nous, pour nos enfants, nous travaillons pour vous, afin de vous diriger dans la vie que vous commencez, il semble que ce soit une tâche volontaire que nous nous donnons, tandis qu'en réalité, nous ne faisons qu'accomplir un devoir que l'Evangile nous impose: celui de ne pas seulement travailler pour nous, et pour la nourriture qui périt, mais aussi pour l'âme de notre prochain qui ne doit point périr.

Plus nous avons de fortune, d'instruction, d'intelligence, plus nous avons de devoirs, plus nous avons de travail : acquittez-vous donc du vôtre avec courage. Si vous ne vous y accoutumez point tandis qu'il est encore léger, comment le supporterez-vous lorsque, devenus hommes, vous devrez travailler pour votre femme, vos enfants, vos frères malheureux ? Si vous en prenez l'habitude de bonne heure, ce n'est plus un fardeau, une condamnation, c'est une consolation, un soutien, une joie !

Désirant vous montrer ce que peut le travail, intelligent, persévérant, infatigable, je n'irai point aujourd'hui chercher mes exemples dans un temps éloigné de nous, puisque je trouve dans ce siècle un homme dont la vie peut servir de modèle ; qui dut la plus haute fortune à son travail, à son intelligence, à sa probité ; qui répandit le bonheur autour de lui, et enrichit sa patrie en s'enrichissant lui-même ; exemple qui fut en quelque sorte consacré par la constante bénédiction du Seigneur. Cet homme, c'est Oberkampf.

Christophe-Philippe Oberkampf, dont le nom est si célèbre dans les annales de l'industrie, est le fondateur véritable de la fabrication des toiles peintes en France. Sa vie publique a été connue, on peut le dire, du monde entier ; sa vie privée ne l'a encore été que par des notices fausses ou incomplètes, et je dois à l'obligeance de sa famille de précieux détails, qui me mettent à même de faire connaître, pour la première fois, toutes ses vertus, et toutes les voies qui l'ont conduit à la fortune. Ecoutez-les ; profitez-en.

Il naquit à Wiesembach, dans le marquisat de Brandebourg-Anspach, le 11 juin 1738, et fut élevé dans le sein de l'Eglise luthérienne. Son père, son grand-père, son aïeul avaient exercé la profession de teinturiers, et je trouve une preuve de l'antique et traditionnelle probité de la famille dans ce fait qu'ils se distinguaient par le titre de : Teinturiers en bon teint.

Du côté de sa mère, je trouve également de touchants souvenirs religieux. Son grand-père maternel, Jean-Joseph Sehm, était un jardinier-artiste, dessinateur de jardins princiers. Très versé dans la connaissance des Ecritures, on a conservé de lui un recueil de poésies bibliques. J'insiste sur ces détails pour vous faire comprendre comment il s'est fait qu'Oberkampf ayant vécu dans un siècle où la religion sommeillait partout, étant venu en France, pays où l'exercice de son culte était interdit et proscrit, ait toute sa vie porté dans son cœur et dans ses œuvres ces sentiments qui sont les fruits de la vraie piété, infusée dans l'âme dès l'enfance par l'exemple et les conseils de la famille ; sentiments de respect et d'obéissance envers Dieu, et d'amour envers le prochain, qui montrent le chrétien, même en l'absence du culte extérieur.

Aussi ses principes furent-ils inflexibles dans leur sévérité pour lui, et leur bienveillance envers tous les hommes. C'est avec une profonde admiration qu'en suivant en détail le cours de sa vie, je n'ai trouvé dans cette longue carrière, la trace d'aucune chute, d'aucune faiblesse ; privilége précieux qui ne pouvait être accordé qu'à l'enfant d'une famille chrétienne.

Son père avait cet amour de la perfection dans son art et cette sagacité dont il fut lui-même doué à un si haut degré. Il fonda successivement pour d'autres, ou pour lui-même, divers établissements de teinture. Je les citerai pour faire connaître la gradation des études du jeune Oberkampf.

Ainsi, en 1744, le père dirigeait une fabrique de flanelles teintes à Klosterheilbronn. Il fit là une découverte de haute importance, qui influa beaucoup sur l'avenir de la famille ; car le bruit s'en étant répandu, il fut appelé, en 1749, à Bâle, pour diriger une fabrique plus importante. C'est là que le jeune Oberkampf commença son apprentissage du travail et de la vie, à l'âge de onze ans, par le plus bas degré de la profession, celui de tireur, qui consiste à remuer la couleur dans les baquets.

Je ne dois point omettre un autre touchant détail de mœurs, c'est qu'ils firent à pied le voyage jusqu'à Bâle, portant chacun leur mince bagage sur leur dos; visitant, chemin faisant, les confrères sur la route, recevant l'hospitalité la plus cordiale partout où ils passaient. Ils voyaient l'avenir s'ouvrir devant eux; mais le fils avait sur le père un immense avantage : il pouvait faire son apprentissage sous la protection d'un père laborieux. Or, mes enfants, c'est une grande bénédiction pour un jeune homme que l'exemple d'un père assidu au travail; et quand, à son défaut, Dieu daigne accorder à l'apprenti un bon maître, c'est un second père qu'il lui envoie.

En 1752, le père voulut travailler pour son propre compte, et ouvrit un petit établissement de teinture à Schafisheim. Le fils, avançant avec zèle dans son apprentissage, commença à étudier la gravure. Enfin, en 1755, ils allèrent définitivement s'établir à Arau, et le jeune Oberkampf, alors ouvrier, devint contre-maître chez son père. Plus tard, celui-ci obtint des lettres de bourgeoisie du canton de Berne.

L'ardeur du jeune Oberkampf à s'instruire était sans égale. Il se perfectionna successivement dans toutes les branches de son art, qui commençait à prendre un grand développement en Suisse; et auquel il prévoyait des développements bien plus grands encore, sur un théâtre bien autrement étendu. Il sentit, à l'âge de dix-neuf ans, qu'il avait acquis tout ce qu'il pouvait apprendre dans la maison paternelle, et désira s'instruire en visitant d'autres établissements plus importants. Il fallait pour cela quitter sa famille, aller à l'étranger, pauvre ouvrier, comptant pour vivre sur le salaire de chaque jour, comptant sur son intelligence pour s'élever au-dessus de ce point de départ.

Il fit part à son père de son désir. Celui-ci, tout en reconnaissant la sagesse de son projet, en retardait, dans sa tendresse paternelle, toujours l'exécution. Heureusement, la mère d'Oberkampf, femme forte et intelligente, l'encouragea dans sa résolution, dont elle sentait l'urgence. Il partit donc, emportant la bénédiction maternelle, et le peu d'argent dont elle pouvait disposer. Il se rendit à Mulhouse, où il entra comme ouvrier graveur dans la fabrique de Samuel Kœchlin et H. Dollfus.

Au bout de six mois, son père, avec cette affection pleine de piété des anciens chrétiens, lui écrivit, lui demandant de revenir près de lui, lui promettant sa bénédiction, avec la promesse de le laisser repartir ensuite à la première occasion favorable.

Quelle touchante prière! et comment un cœur comme celui d'Oberkampf eût-il pu s'y refuser? Il obéit, revint auprès de son père, quoiqu'il se dît qu'il y devrait probablement rester longtemps. Il occupa son temps à enseigner la gravure à son jeune frère.

Mais bientôt il fut récompensé de sa déférence filiale. Un M. Cottin, établi à Paris, cherchant à y fonder un établissement de teinture et d'impression, avait envoyé chercher en Suisse, seul lieu où il en pût trouver, des ouvriers habiles. Oberkampf fut demandé à son père, obtint la permission de partir, avec cette précieuse bénédiction qu'il était venu chercher, et partit en octobre 1758, à pied, le sac sur le dos, pour se rendre à Paris.

Un financier célèbre, qui dut aussi son immense fortune à son travail et à son activité, disait dans sa vieillesse à quelqu'un de ses amis qui enviait ces millions lentement acquis : «Je donnerais tout cela pour avoir quinze ans et 5 francs dans ma poche.»

Effectivement, avoir le temps devant soi, l'amour du travail et la main à une industrie quelconque, doivent toujours suffire à l'homme intelligent. Cela suffisait à Oberkampf : il vint à Paris, confiant à Dieu le soin de bénir les travaux qu'il allait y entreprendre.

N'allez pas croire cependant que cette entreprise fût alors aussi simple qu'elle le serait de nos jours. Le coton ne croît point en France, et, de peur que son introduction n'y nuisît au commerce du chanvre, du lin et de la soie que le pays produit, toute étoffe de coton y était alors prohibée, et n'y entrait que par contrebande. Par une exception bizarre, comme la législation ancienne en offrait de nombreux exemples, deux endroits à Paris jouissaient d'une sorte de franchise et échappaient aux recherches de la police, qui n'avait pas le droit d'y pénétrer : c'était l'enclos de Saint-Germain-des-Prés et l'Arsenal. Dans ce dernier lieu, M. Cottin essayait alors de fonder sans bruit une manufacture de teinture d'étoffes de coton. Il n'avait encore ni dessinateur, ni graveur, ni coloriste, ni imprimeur, ni commis. Oberkampf, mis à l'œuvre, suffit à tout par sa prodigieuse activité.

Doué d'un ensemble de facultés rares, il avait un goût remarquable pour le choix et la composition des dessins : ce fut une des causes de la grande supériorité qu'il conserva toujours sur ses rivaux. Nous savons qu'en Suisse il avait étudié la pratique de la gravure au point de devenir un excellent graveur. J'ai dit que ses connaissances en teinture résumaient toute la science alors connue. Ce que je n'ai point dit encore, c'est qu'un esprit d'ordre admirable présidait à toutes ses actions. Ne soyez donc plus étonnés si dans l'établissement il put suffire à tout.

Nuit et jour au travail, passant du bureau à la teinture, de la gravure à l'impression; expérimentant, étudiant, exécutant, l'œil et l'esprit toujours fixés sur ses projets à venir, il grossissait son trésor de connaissances. Il vivait avec une sobriété extrême, prenant chez un aubergiste du faubourg Saint-Marcel ses repas, qui lui coûtaient 18 sous par jour.

Plus tard, lorsqu'il eut atteint une grande fortune, il se plaisait à raconter les modestes repas de ses débuts; mais il ne disait pas que la brave hôtesse qui l'avait nourri si économiquement, étant tombée dans la détresse, il lui avait témoigné son intérêt par une rente dont elle a joui jusqu'à sa mort.

C'est au reste ce qu'Oberkampf a fait pour tous ceux qui l'avaient servi et que le malheur est venu visiter.

Il avait pour appointements 24 francs par semaine; sa gravure lui était payée à part, et chaque semaine il trouvait moyen d'économiser de 30 à 36 francs, à force d'ordre et de travail.

Un trait de caractère qu'il faut encore mentionner, c'est qu'en entrant dans la fabrique il trouva qu'on avait commencé à y travailler en faux teint, c'est-à dire en teinture sans solidité. Il s'y refusa, travailla de suite en bon teint, et toute sa vie, dans tous les établissements qu'il dirigea, il ne permit jamais que le faux teint fût employé, quelques demandes qu'il pût recevoir des commerçants.

Suivez donc bien, mes enfants, ce bel exemple de vertus chrétiennes, marchant d'accord avec le travail et s'entr'aidant. L'amour et le respect pour son père, la reconnaissance pour ceux qui l'assistent, l'ordre, l'économie, la sobriété, l'étude, le travail, tout, sous l'égide de la piété, marche de front chez Oberkampf.

M. Cottin avait déjà fait d'assez mauvaises affaires dans d'autres entreprises; celle-ci devait encore périr entre ses mains. Il suspendit bientôt ses payements, et, faute d'argent, les ouvriers quittèrent la fabrique. Oberkampf s'était engagé pour l'année entière. Seul il dit que, quoique le maître manquât à ses engagements, il observerait les siens; et, en conséquence, il travailla quelques mois sans salaire, jusqu'à la fin de l'année 1759. Je voudrais me tromper; mais je crois fermement qu'un pareil trait d'austère probité ne peut être cité de personne que de lui.

A cette époque, un M. Tavanne, suisse du roi au contrôle général des finances, avait pu par sa place être instruit à l'avance que la prohibition des indiennes en France allait bientôt être levée.

Profitant de cette connaissance, il voulut élever en hâte une fabrique rue de Seine-Saint-Marcel.

L'intelligence, la probité, l'activité du jeune Oberkampf

allaient trouver leur récompense. Tavanne vint lui faire une proposition aussi honorable qu'avantageuse, lui demandant de s'associer ensemble ; il offrait de faire l'avance des fonds nécessaires ; Oberkampf donnerait son travail et dirigerait l'établissement, et les bénéfices seraient partagés par moitié. Il était en outre alloué 10 sous par pièce d'étoffe à Oberkampf pour les frais de gravure. Il accepta ; le traité fut conclu le 2 janvier 1760.

Alors il fallut songer à un établissement plus convenable que celui de la rue Saint-Marcel, et dès ce moment il est impossible de ne point être frappé d'admiration en voyant la sagesse des dispositions que prit Oberkampf, et la merveilleuse perspicacité qu'il mit en fondant l'établissement le plus pauvre et le plus modeste de telle manière qu'il pût prendre plus tard les proportions les plus gigantesques.

La vallée de Jouy, avec ses eaux, ses bois et sa belle verdure, avait probablement eu pour lui cet attrait de lui rappeler la Suisse et son enfance. C'est là qu'il alla planter sa tente. C'est là qu'il jeta dans une pauvre chaumière la première base d'un établissement où jusqu'à nos jours plus de mille ouvriers trouvèrent constamment du travail ; c'est enfin là qu'il enrichit la France d'une immense industrie, transformant en un revenu productif l'impôt qu'elle payait chaque année à l'étranger.

Pour comprendre les mérites et les difficultés de son entreprise, il ne faut pas oublier qu'Oberkampf n'avait que vingt et un ans, qu'il parlait à peine le français, que sa religion était alors proscrite, et que ses économies, formant tout son avoir, s'élevaient à environ 600 francs.

La petite maison, avec un coin de prairie nécessaire à l'étendage des toiles, fut louée 300 francs pour neuf ans. On y transporta tout le mobilier industriel, et vous vous ferez une idée exacte de ce qu'était ce nouvel établissement, quand vous saurez que, faute de place à l'intérieur, il fallut établir la chaudière à l'extérieur, sans autre toit que le ciel ; car la maison était si petite, que le dessous de la table à imprimer servait d'unique armoire, et chaque soir un matelas étendu sur la même table faisait le lit d'Oberkampf.

Cette petite maison, dite la *Maison-du-Pont-de-Pierre*, existe encore. Elle a été transformée en salle d'asile pour l'enfance, par un pieux respect pour un si touchant souvenir, grâce aux soins de madame Jules Mallet, la vertueuse fille d'Oberkampf.

Elle est effectivement digne de respect, cette chaumière dans laquelle Oberkampf a pendant plus d'une année couché sur la dure. Travaillant avec son frère et deux de ses anciens compagons d'atelier, ils déployèrent tant de courage et d'activité, qu'avec de si misérables ressources ils imprimèrent dans l'année 3,600 pièces d'indienne, formant plus de 80,000 mètres d'étoffe.

Si c'était beaucoup pour de si faibles moyens, ce n'était pas le quart de ce qu'ils eussent vendu s'ils eussent pu fournir aux demandes. C'est vous donner une idée de la bonne réputation qui s'attacha de suite à la fabrique naissante.

Je ne puis entrer ici dans le détail de ce qu'Oberkampf eut a souffrir par suite de la nécessité d'avoir un associé bailleur de fonds. Il fut trompé, tourmenté, indignement spolié du produit de son travail jusqu'à ce qu'un homme, digne de lui, lui ait été envoyé par la Providence. Il trouva enfin, dans M. Demaraise, moins un associé qu'un frère; ils restèrent vingt-sept années associés, travaillant et s'aidant l'un l'autre avec une affection qui ne parut jamais plus vive, que, lorsque leur fortune étant faite, des raisons de famille les engagèrent à séparer leurs intérêts tout en restant unis de la plus sincère amitié. Ce fait mérite d'être consigné à l'honneur de tous les deux.

Si je reviens à nos débuts, je trouve ce même tableau que je vous ai présenté dans les débuts de Palissy, de Franklin, qui se retrouve autour de tous les grands créateurs, le tableau du courage intelligent se suffisant à lui-même et grandissant quand les difficultés grandissent.

Puis vient encore le même tableau des envies, des jalousies, des persécutions, que la modestie de ces débuts n'empêcha point de naître autour d'Oberkampf.

Les autorités locales le tourmentèrent; les autorités ecclésiastiques le poursuivirent; les propriétaires de la vallée s'inquiétèrent de son voisinage, et tout le monde sembla s'unir pour repousser la fortune que la Providence avait fait descendre dans la belle vallée.

Sa santé même fut gravement altérée pour avoir été forcé d'aller retirer de l'eau ses toiles submergées par une inondation. Sa vie en fut en danger; cela vous donne la mesure des travaux qu'il accomplissait de ses mains.

Pour faire face à ses ennemis et résister à toutes les luttes, Oberkampf avait son calme inaltérable, sa volonté ferme, une activité toujours croissante, et la conduite la plus irréprochable; aussi finit-il par conquérir pied à pied le terrain qu'on lui disputait avec tant de rigueur, et c'est en acquérant l'estime de tous qu'il parvint à se faire une place dans le monde.

Ses produits étaient tous les jours plus recherchés par toutes les classes, et sa production se trouvait insuffisante. Il fallut augmenter rapidement ou improviser des ateliers; l'établissement envahit les maisons voisines, et le nombre des ouvriers alla croissant de jour en jour. On a conservé le souvenir d'une petite anecdote qui prouve que, sous les mains mystérieuses de la Providence, les causes en apparence les plus futiles aplanissent les plus grandes difficultés.

Une dame de la cour ayant déchiré une robe de Perse qui avait été universellement admirée, et qui faisait valoir sa propre beauté, ne trouva de remède à ce malheur que dans la réputation naissante d'Oberkampf; elle accourut à Jouy et lui confia son désespoir. Il réussit à remplacer l'étoffe si rare et si regrettée, et ce succès fit un bruit incroyable à la cour. Toutes les dames à l'envi voulurent avoir des robes d'indienne de Jouy. Ces nouvelles merveilles, racontées à la reine Marie-Antoinette, attirèrent son attention; elle vint, avec les princes, visiter la manufacture; ils examinèrent tout en détail, firent mouvoir eux-mêmes les machines, et leur protection, cette fois bien éclairée, fut acquise à l'habile manufacturier, qui devenait à la fois célèbre et riche.

Les commandes arrivaient en foule, soit pour parer les dames les plus opulentes, soit pour meubler les palais et les châteaux royaux. L'Angleterre même devenait tributaire du goût et de l'industrie française.

Ces succès étaient dus au savoir d'Oberkampf et au soin avec lequel il s'entourait des meilleurs ouvriers. Il fallait les faire venir de Suisse, et par une excellente combinaison, le père d'Oberkampf les essayait à Arau, dans sa fabrique, et leur payait ensuite le voyage, en sorte que son fils n'admettait que des ouvriers éprouvés; aussi la perfection de ses produits excitait l'admiration générale.

Loin de s'attribuer le mérite de ces succès qu'il eût pu considérer comme dus à ses efforts, il les rapportait tous à une protection divine qui lui semblait partout visible, et son courage en augmentait encore.

C'est dans ces dispositions qu'il mûrissait un plan dont l'exécution devenait chaque jour plus nécessaire : celui de construire un établissement qui renfermât toutes les conditions voulues pour devenir le premier du monde dans ce genre d'industrie; il déploya dans cette fondation tout ce que le savoir, l'invention, la perspicacité peuvent donner quand ils sont éclairés et conduits par la sagesse et l'expérience.

Le duc de Beuvron, de la maison d'Harcourt, seigneur de Jouy, frappé du mérite du jeune fabricant, lui accorda sa protection et lui céda tous les terrains qui pouvaient lui être nécessaires.

Cet admirable établissement coûta trois années à construire et finit par être le modèle le plus complet qui se pût offrir à l'industrie.

En même temps, de tous les côtés s'élevaient des manufactures semblables. On en a pu compter plus de trois cents en France, occupant plus de deux cent mille ouvriers, employant pour soixante millions de coton brut, dont la main d'œuvre produit chaque année à notre pays un bénéfice de deux cent quarante millions.

Vous devez sentir, mes enfants, qu'après de tels services rendus à la France, Oberkampf avait bien mérité d'être adopté par elle. Aussi le roi Louis XVI ne crut pouvoir récompenser dignement un tel homme qu'en lui accordant des lettres de noblesse, et en donnant à l'établissement de Jouy le titre de Manufacture royale. Jamais récompense ne fut mieux méritée, et Louis XVI se plaisait à dire que c'était là l'acte le plus juste de son règne.

Plus tard, en 1790, le Conseil général du département de Seine-et-Oise voulut, dans une de ses premières séances, lui élever un témoignage de la reconnaissance publique : il décida donc l'érection de sa statue sur la place principale de Jouy.

Oberkampf fut obligé de s'opposer formellement à la réalisation d'un projet qui blessait sa modestie, et réussit à en empêcher l'exécution.

Quand un homme découvre une mine d'or, que fait-il ? S'il le peut, il entoure son champ de murs et de barrières ; il en dérobe la connaissance à tous ; il veut en jouir seul. Parût-elle inépuisable, la mine n'est pas trop abondante pour lui, pour son égoïsme, pour son avarice. Si quelqu'un pénètre dans son enclos, il le suit, le surveille, prêt à lui arracher la moindre parcelle du précieux métal que Dieu n'avait pourtant pas créé pour lui seul. Mais il est difficile, malgré ses efforts, qu'il en reste longtemps l'unique maître. On accourt en foule, on se bat, on s'égorge sur ce sol d'or, et la contrée ne redevient paisible et heureuse que lorsque l'or et ses convoitises en ont disparu.

Oberkampf aussi, mes enfants, avait découvert une mine d'or ; mais il y convia tous les hommes. Il dit à tous :

« Venez et travaillez-y tous avec moi. Chacun de vous en emportera chaque jour de quoi suffire aux besoins de sa famille ; et revenez tous les jours, toujours en plus grand nombre, car la mine est inépuisable et je l'ai découverte pour tous. Ramassez cet or par votre travail journalier, comme autrefois les Israélites ramassaient la manne, qui, par l'ordre du Seigneur, devait être recueillie chaque jour. Travaillez avec un cœur pieux et reconnaissant, et Dieu le multipliera à l'infini sous vos mains. »

Et la vallée déserte où les hommes furent conviés par Ober-

kampf à prendre part au trésor nouveau, fut transformée en
un séjour d'abondance et de paix, où les habitants et les
richesses se sont multipliées et d'où s'élèveront toujours des
bénédictions pour l'homme respectable à qui tant de biens
furent dus.

Cette comparaison, mes enfants, vous paraîtra plus juste
encore quand vous saurez que tandis qu'il était d'usage en
Suisse, en France, en Angleterre, de tenir toutes les manufactures fermées aux étrangers et de leur dérober avec soin
la connaissance des secrets de la fabrique, Oberkampf, au
contraire, tint constamment la sienne ouverte à tous, sans
dissimuler un procédé, sans se réserver un progrès. Grand
et noble exemple suivi malheureusement par trop peu d'imi-
tateurs !

Je n'ai trouvé dans les précieux et intéressants documents
qui m'ont été fournis par la famille même, et qui me permet-
tent de donner à cette trop courte notice au moins l'intérêt
de l'exactitude et de la vérité, que des preuves journalières de
la parfaite bonté d'Oberkampf. Ainsi son frère avait travaillé
près de lui jusqu'en 1769 ; alors, voyant la prospérité des
établissements de son aîné, il témoigna quelque désir d'être
lui-même un jour à la tête d'une fabrique.

Oberkampf l'envoya en Suisse faire une visite à leur respectable mère, acheta en son absence une manufacture en
activité à Corbeil ; lui écrivit : « J'ai acheté Corbeil pour toi, »
et la lui donna en pur don avec tout son matériel et cent cin-
quante mille francs pour la faire marcher.

Je vous ai déjà parlé, mes enfants, du respect et de la tendresse qu'il avait toujours témoignés à son père et à sa mère.
Ceux-ci dirigeant toujours leur petite manufacture en Suisse,
continuellement aidés de conseils, de dessins, de secours de
tous genres par leur fils, venant le voir et le quittant émer-
veillés de ce qu'il avait su créer, finirent par atteindre une
vieillesse qui leur commandait le repos. Leur fabrique leur
avait laissé peu de bénéfices, et la grande concurrence
avait fini par la rendre plus onéreuse que profitable pour
eux. Oberkampf, qui depuis longtemps veillait attentive-

ment sur eux, fit chercher dans les environs d'Arau une propriété qui pût leur procurer tout le bien-être désirable, l'acheta, la fit arranger, pourvoir de tout, et eut la joie d'y installer ses parents, qui y passèrent leurs derniers jours dans la paix et le bonheur, bénissant le Seigneur de leur avoir accordé un tel fils.

Dans ses voyages, il était accueilli par tous les fabricants avec une affection respectueuse. Il reconnaissait souvent, et sans jamais en témoigner de déplaisir, ses propres dessins dans ceux qu'il voyait imprimer : loin de s'en plaindre, il leur enseignait libéralement les procédés nouveaux et les perfectionnements qu'ils ne connaissaient pas.

Cette bienveillance éclairée, qui faisait le fonds du caractère d'Oberkampf, était aussi ingénieuse que sage. Son esprit pénétrant cherchait sans cesse à utiliser le mieux possible l'intelligence de ceux qu'il employait. Aussi patient qu'ardent, il apportait tous ses soins au développement et aux progrès de ses ouvriers. Des paysans, des journaliers ignorants, devenaient près de lui des dessinateurs adroits, des graveurs habiles, d'excellents imprimeurs, des commis intelligents, parce qu'il avait découvert en eux des qualités qu'ils ignoraient eux-mêmes.

Après leur avoir donné une profession, il leur donnait l'amour de l'ordre, base de sa propre fortune. Tous s'enrichissaient autour de lui ; tout y prospérait : maisons, vergers, jardins, naissaient comme par enchantement dans la vallée, et justifiaient l'intérêt et la curiosité publiques ; car tout le monde voulait voir Jouy et son fondateur.

Attentif aux mœurs de ses ouvriers, c'était par son propre exemple qu'il leur montrait la route à suivre : la sobriété, la vigilance, furent les compagnes de sa vie entière ; toujours le premier levé, c'était lui qui notait et récompensait les plus diligents. Si j'ai pu, dans sa jeunesse, le montrer comme un exemple à suivre à ces apprentis, aux jeunes ouvriers, je l'offre maintenant en exemple admirable à tout maître, à tout patron qui veut s'acquitter de ses devoirs envers ses ouvriers et ses apprentis.

Il me semble que si ces vertus qui lui furent nécessaires pour commencer sa fortune étaient remarquables dans un jeune homme, sa persévérance à les pratiquer le fut plus encore lorsqu'il fut devenu riche et avancé en âge.

Jamais Oberkampf n'a dit avec l'insensé de l'Ecclésiaste :

« Plein le creux de la main avec du repos vaut mieux que « plein les deux paumes avec travail et tourment d'esprit.» (Ecclés. IV, 4.)

Il s'est au contraire répété jusqu'à son dernier jour :

« Lève-toi et travaille, et l'Eternel sera avec toi. » (1 Chron. XXII, 16.)

C'est lorsqu'il jouissait ainsi de la considération publique et de l'affection générale que la tourmente révolutionnaire vint à éclater. Au lieu des justes honneurs dont il avait jusqu'alors été entouré, et dont on lui fit autant de crimes, le sanguinaire gouvernement de 1793 demanda la tête de l'homme de bien, du père de l'industrie, du bienfaiteur des ouvriers. Un misérable qu'il avait nourri se fit son dénonciateur, et, probablement pour avoir part à ses dépouilles, n'épargna rien pour le faire périr. Il eut pourtant le bonheur d'échapper, on peut le dire, miraculeusement, à ses bourreaux ; et le scélérat qui l'avait voué à la mort eut la bassesse, après avoir perdu son pouvoir passager, de revenir prendre place dans ses ateliers. Poursuivi, chassé, par l'indignation générale des ouvriers, il fit implorer Oberkampf lui-même, qui ordonna de l'y laisser revenir ; ajoutant : « S'il a réellement pu vouloir ma mort, il sera assez puni, me voyant tous les jours vivant. »

Quel commentaire ajouter à ces paroles? N'est-ce point, mes enfants, le reflet des paroles sublimes de notre Seigneur :

« Mon Père, pardonnez-leur, car ils ne savent ce qu'ils font?»

Sa fortune eut à subir des pertes énormes pendant ces funestes époques, pertes qu'il grossit encore volontairement lui-même ; car il se fit une loi de payer en argent tous les engagements qu'il avait pris avant, et même depuis la création du papier-monnaie.

Les événements du 9 thermidor (27 juillet 1795) ayant enfin permis à l'industrie de chercher à relever ses ruines, Oberkampf s'empressa de rendre la vie à ses ateliers et de rappeler ses ouvriers au travail.

Alors il étendit encore ses établissements et ses relations. Par des recherches immenses, il réunit à grands frais les procédés les plus parfaits, les secrets jusqu'alors les plus cachés de la fabrication des plus belles couleurs. Le respect qu'inspirait son nom lui ouvrit passage, même pendant la guerre continentale, pour communiquer avec l'Angleterre, l'Ecosse, l'Inde. Son cœur bienfaisant avait été rechercher tous les membres de sa famille épars en Allemagne et en Suisse : il avait aidé les uns, appelé les autres; il en fut récompensé par l'attachement qu'ils lui témoignèrent. Cette famille serrée autour de lui doublait ses forces. Je n'en citerai qu'un exemple. L'un de ses neveux, Samuel Widmer, élevé par ses soins comme son propre fils, devint un chimiste distingué, lui rendit les plus grands services, et fut son fidèle coopérateur. Oberkampf, avec une bonté égale à sa probité, ne négligeait aucune occasion de faire connaître la part qui revenait à Widmer dans tous les progrès de son industrie.

Depuis longtemps il avait conçu le projet de fonder une filature de coton et d'y fabriquer les tissus, afin d'opérer lui-même tous les travaux nécessaires pour transformer le coton brut en étoffe peinte; ayant trouvé sur la rivière d'Essonne un emplacement convenable, il l'acquit, et j'ai plaisir à rencontrer encore ici un nom de fidèles serviteurs de l'Eglise.

Oberkampf avait marié sa fille aînée à Louis Feray, descendant d'une famille protestante du Havre, dont les ancêtres avaient rendu de tels services à cette ville, qu'ils avaient pu y rester tranquilles et fidèles à leur culte lors de la révocation de l'Edit de Nantes. C'est à Louis Feray qu'il confia le soin de construire et plus tard de diriger ce magnifique établissement qui, de même que Jouy, devait porter ce cachet de grandeur et de perfection qu'Oberkampf aimait à imprimer à toutes ses œuvres. Plus heureuse que Jouy, la manufacture d'Essonne n'est point sortie des mains de la famille qui l'a fondée. Après la mort de Louis Feray, qui y avait suivi les exemples de son beau-père, ces mêmes traditions y ont été conservées par son fils, M. Ernest Feray, aujourd'hui membre du consistoire de l'Eglise réformée de Paris, qui, suivant les voies de son père, y a fondé ou agrandi les écoles, les salles d'asile, et y a fait ouvrir, en y contribuant avec générosité, une Eglise où chaque dimanche le culte est célébré.

Tant de services rendus à la France ne pouvaient manquer d'attirer l'attention de l'homme de génie qui fonda l'Empire sur les ruines de la Révolution.

Napoléon voulut voir par ses propres yeux le bel établissement de Jouy, qui, pour la seconde fois, était honoré de la visite des chefs de l'Etat. Son œil éclairé parcourut tout en détail, s'intéressa vivement à ces nouvelles machines, à ces admirables cylindres gravés, qu'il vit imprimer sous ses yeux, avec une rapidité merveilleuse, les plus beaux dessins, et ce fut sur ce champ de bataille de l'industrie que, détachant de sa boutonnière l'étoile de la Légion d'honneur, il l'attacha sur la poitrine d'Oberkampf, en disant à haute voix que nul n'était plus digne de la porter.

Il désira qu'Oberkampf vînt s'asseoir à côté des Berthollet, des Chaptal, au Sénat, que de tels noms honoraient; mais la modestie du fabricant était au-dessus d'une telle ambition; il lui fallut peut-être plus d'efforts pour conserver sa liberté, qu'à bien d'autres pour obtenir la place honorable qu'il refusait.

Napoléon fit depuis souvent appel à ses lumières, à sa grande expérience, et lui dit un jour ces paroles remarquables : «Vous et moi, nous faisons la guerre aux Anglais; vous par votre industrie, moi par les armes. C'est encore vous qui faites la meilleure. »

Effectivement, par la fondation de ses filatures, Oberkampf élevait contre l'Angleterre une redoutable concurrence. Désormais, la France recevant le coton en balles, pouvait le tisser, le teindre et répandre par tout le monde ses étoffes, comme l'avait jusqu'alors fait sa rivale.

Les grandes guerres de l'Empire finirent par amener des pertes immenses pour le commerce. Oberkampf en souffrit comme tous les autres, et c'est l'occasion de citer un nom honorable dans l'Eglise réformée, celui de Pourtalès, de Neuchâtel. Oberkampf, en relation d'affaires avec cette maison, en reçut dans un moment difficile un secours important qui lui permit de faire face avec honneur à tous ses engagements.

La Restauration vint, et l'homme qui avait été respecté et honoré par le gouvernement impérial, fut également honoré par celui de la maison de Bourbon. Les établissements de Jouy et d'Essonne reprirent toute leur activité. Puisque je cite pour la dernière fois celui d'Essonne, je dois, mes enfants, vous dire que des honneurs analogues à ceux qu'avait refusés Oberkampf furent plus tard offerts à Louis Feray, qui les jugea incompatibles avec ses travaux industriels, ainsi que l'avait fait son beau-père. Les mêmes vertus et les mêmes principes les guidèrent toute leur vie.

Oberkampf pouvait espérer passer ses derniers jours dans la paix que réclamaient les immenses travaux d'une vie longue et active; mais les tristes suites de l'invasion de 1815, le spectacle de la guerre, de l'incendie, du pillage, arrivant jusque dans la belle et paisible vallée, causèrent au respectable vieillard une douleur trop forte pour son corps usé par le travail, affaibli par l'âge.

Ses ateliers vides, ses métiers inactifs, la terreur régnant dans tous les cœurs, étaient autant de coups mortels pour lui. Ses forces physiques l'abandonnèrent; il ne conserva plus que les forces de l'âme, et, toujours pieux et résigné, il s'éteignit dans les bras d'une famille chérie, le 4 octobre 1815. Sa tâche était accomplie; son salaire était auprès du Seigneur.

Je ne crois pas, mes enfants, qu'il me soit possible de vous présenter jamais un plus bel exemple d'une vie remplie par le travail, passée dans une obéissance plus exemplaire aux commandements du Seigneur ; d'une vie plus récompensée par la protection divine pendant sa longue durée.

Cet homme, né dans la pauvreté, qui vient, le sac sur l'épaule, chercher son travail, faire le bien, trouver la fortune, et qui, riche, comblé d'honneurs, s'en retourne à Dieu, sa journée achevée, aussi simple, aussi modeste, le cœur aussi pur à soixante-dix-sept ans qu'à son entrée dans la vie, me représente un de ces patriarches de la Bible dont la vie entière se passait à faire le bien et à honorer Dieu.

Profitez donc de cette grande leçon ; prenez exemple sur lui pour vous affermir au travail, qui fut la source de sa fortune. Travaillez, suivant l'esprit de l'Evangile, autant pour vos frères que pour vous. Travaillez du corps et de l'esprit, avec ardeur et courage, et puisse-t-il sortir un jour d'entre vous quelques dignes artisans marchant dans la voie que je vous ai tracée aujourd'hui ; et puisse alors le bonheur qui suivit le travail d'Oberkampf devenir aussi leur récompense.

La reconnaissance publique l'accompagna jusque dans sa tombe. Les regrets et la douleur de toutes ces populations qu'il avait rendues heureuses furent immenses, et devaient l'être. Je n'ajouterai plus qu'un mot qui nous concerne tous ; car tous ici nous avons un hommage à rendre, une dette à payer.

Entre autres dignes enfants, Oberkampf avait laissé une fille dont l'Eglise déplore la perte récente : ce fut Madame Jules Mallet. Presque aucun de vous ne l'a connue ; la plupart d'entre vous ignorent même son nom, et tous, mes enfants, vous ignorez le bien qu'elle vous a fait. Vous ignorez qu'elle a fondé ces salles d'asile où votre enfance fut recueillie, qu'elle a assisté vos familles, que vous lui devez votre éducation chrétienne, et qu'elle avait la première part dans toutes ces œuvres que l'Eglise soutient pour vous.

Combien d'entre vous qui ne le savent point ont été soignés dans la maladie, nourris dans la détresse, vêtus dans le dénûment par cette admirable femme, qui cachait ses œuvres, et dont toute la vie ne fut qu'un ministère de charité. Elle a travaillé comme son père, selon le Seigneur, jusqu'au jour où, trop tôt pour vous et pour nous, le Seigneur l'a rappelée près de lui.

Je ne puis vous raconter sa vie; je veux seulement vous donner l'idée de ce qu'elle fut.

En 1832, lors de la première invasion du choléra, voyant dans son quartier tant de malheureux périr faute de secours, elle convertit en hospice une maison à elle, rue de Clichy, n° 33; et, comme elle ne considérait point son devoir accompli quand elle n'avait contribué que de sa bourse, elle s'y établit avec sa fille aînée et plusieurs de ses parentes pour soigner elle-même les malades. Quand, en 1849, la terrible épidémie reparut encore et décima la population des faubourgs, une sœur de charité catholique vint trouver la charitable femme protestante, lui amenant tout à coup 300 orphelins pour les confier, dans la détresse publique, à ce cœur dont les ressources étaient inépuisables, et Madame Jules Mallet pourvut à tous leurs besoins. C'est elle qui la première eut connaissance de ce qui se faisait en Angleterre pour les écoles de l'enfance, et sur-le-champ elle voulut que ces pieux établissements fussent adoptés chez nous. Elle fonda les salles d'asile pour l'enfance, les dirigea, les soutint jusqu'à sa mort.

Quand la respectable madame Elisabeth Fry voulut apporter en France l'œuvre de l'évangélisation et de la consolation dans les prisons pour les détenues protestantes, c'est encore à Madame Jules Mallet qu'elle s'adressa; et cette œuvre, dirigée par la fille d'Oberkampf, devint un modèle que la charité catholique s'est empressée d'adopter.

De tels traits sont tellement multipliés dans sa vie qu'ils la remplissent en entier.

Il faut m'arrêter; j'aurais trop à vous dire, mes enfants. Vénérez donc tous le nom de Madame Jules Mallet, la digne fille d'Oberkampf. Vénérez son nom et sa mémoire. Rappelez-vous qu'elle fut la bienfaitrice des pauvres, la mère des orphelins, la consolatrice des affligés. Vous surtout, jeunes filles, n'oubliez jamais que beaucoup d'entre vous ont été guidées, ramenées, sauvées par sa charité. Tâchez de trouver dans sa mémoire une sauvegarde pour votre avenir.

Puisse la reconnaissance vous engager à imiter ces deux grands exemples, qui vous enseignent à vivre dans la crainte de Dieu, dans l'exercice de la piété, dans l'amour du travail.

CONCLUSION.

Après ce trop court résumé, revenir à vous, mes enfants, est une fin toute naturelle. Les efforts que nous faisons sans cesse pour mettre de bons exemples sous vos yeux doivent vous montrer d'abord quel intérêt nous attachons à faire de vous de fidèles serviteurs de Dieu; ensuite, combien il y a pour le fidèle serviteur de chances de réussite, qui n'existent pas pour l'homme sorti de la bonne voie. Récompensez donc nos efforts par votre zèle, et soutenez-les par vos progrès.

Il est bon que les amis qui nous entourent ou ceux qui, de loin, suivent nos travaux, soient instruits de l'état de notre œuvre. Il est bon que vous même sachiez ce que nous faisons pour vous, afin que vous en soyez reconnaissants envers le Seigneur.

En voici donc le résumé succinct.

Depuis sa fondation, l'œuvre a reçu 254 apprentis : 120 ont terminé leur apprentissage; 134 le continuent sous la direction des patrons.

Nos chers collègues du diaconat, et les dames qui se joignent à nous pour protéger les jeunes filles, vous donnent constamment les preuves de la plus affectueuse sollicitude.

Beaucoup d'entre vous ont été ramenés, beaucoup se sont améliorés par leurs bons conseils. Puissions-nous tous persévérer dans cette bonne voie et mériter ainsi que la protection divine soit continuée à l'œuvre.

Vous savez que le Comité, mettant en première ligne l'accomplissement des devoirs religieux, surveille votre présence au service divin; mais ce n'est point pour vous faire remplir une forme extérieure, c'est dans le désir que vous y assistiez de cœur et d'esprit : rappelez-vous donc que votre tenue à l'église a plus d'importance à nos yeux que votre présence.

Nous cherchons à vous procurer de bons maîtres, nous veillons à vos besoins, nous vous donnons des vêtements, des outils, nous agissons avec vous comme de bons pères le feraient avec leurs propres enfants. Nous récompensons vos efforts par des témoignages de satisfaction qui sont toujours de bons livres ou des journaux instructifs. Vous avez une manière aisée de nous témoigner votre reconnaissance, c'est de profiter de nos soins.

Grâce à la bienveillance que l'Eglise vous porte, j'ai pu faire imprimer, sans aucuns frais pour la caisse du diaconat, les divers récits que je vous ai adressés et distribués. Nous croyons que si vous relisez souvent ces bons exemples, ils feront naître en vous le désir d'imiter le courage des Palissy, des Oberkampf. Aussi, nous sommes profondément reconnaissants envers ceux qui nous aident à répandre ces écrits, et nous les prions de nous continuer leur affectueux concours. Puissent-ils en considérer le but, et oublier l'imperfection du travail.

Beaucoup d'entre vous quittent le patronage pour entrer dans la vie de l'ouvrier. Qu'ils n'oublient pas que nous désirons vivement les voir nous rester unis, et continuer à former une société avec nous. Nous les aiderons, les protégerons, les conseillerons, à la seule condition qu'ils ne démériteront pas du beau nom d'enfants de l'Eglise.

Notre souhait serait aussi de voir les dames protestantes si dévouées, si désireuses de protéger tant de jeunes filles dont elles ont vu et suivi l'enfance, former une réunion protectrice pour ces jeunes ouvrières qui sortent d'apprentissage. J'avais, cette année, conçu le projet d'en soumettre le plan à l'expérience de Madame Jules Mallet, bien sûr d'avoir sa protection pour un semblable but. Le Seigneur en a ordonné autrement. Je ne puis plus que recommander cette pensée aux dames charitables qui m'écoutent.

Nous allons distribuer, et Dieu merci en grand nombre, des livres utiles à tous ceux qui nous ont paru les mériter ; mais nous ferons précéder cette distribution par celle que nous sommes heureux de faire aux apprentis qui nous quittent.

Vous vous souvenez, mes enfants, que, l'an dernier, M. F. Delessert, qui est à la fois le protecteur de toutes les bonnes œuvres et le collègue, le frère de tous ceux qui y travaillent, eut la généreuse pensée d'offrir à nos trois meilleurs apprentis sortants, des livrets de la caisse d'Epargne avec versement de 30 fr. sur chacun.

Il leur donnait ainsi, avec la base qui pouvait commencer leur fortune, une leçon d'ordre et d'économie. J'espère qu'elle a été entendue par eux ; elle l'a été aussi par nous.

Cette année, remercions-en Dieu, nous avons trouvé neuf apprentis sortants dignes de cette récompense.

M. Delessert a eu la bonté de nous donner encore trois livrets.

Un digne membre de l'Eglise, M. Morel-Fatio, sur la lecture de mon rapport de l'année dernière, m'a envoyé les fonds nécessaires pour en acquérir trois autres.

Un de mes bons collègues du diaconat, M. Roussel, a voulu contribuer pour deux.

Une dame enfin, a été bien heureuse de trouver encore un livret à offrir pour compléter le nombre.

Les neuf apprentis sortant dont l'excellente conduite a mérité le choix du Comité de patronage sont :

Parmi les jeunes filles.	Parmi les garçons.
Chandon, Isabelle.	Agassiz, Henri.
Caron, Louise.	Canivet, Alexandre.
Eter, Marie.	Jacquemin, Auguste.
Morienne, Joséphine.	Lacoux, Lucien.
Malleval, Clémentine.	

Mes enfants, je vous ai présenté de grands exemples ; suivez-les. Les bons apprentis que nous récompensons sont aussi pour vous des exemples modestes, imitez-les.

Et puisse votre piété, votre bonne conduite et votre zèle attirer sur nous tous la bénédiction de Celui pour lequel nous accomplissons notre travail.

Paris. — Typ. de Ch. Meyrueis et Cⁱᵉ, rue des Grès, 45.